BEI GRIN MACHT SICH IHR WISSEN BEZAHLT

Ernst Probst

Die Stader Gruppe in der Bronzezeit

GRIN Verlag

Bibliografische Information der Deutschen Nationalbibliothek:

Die Deutsche Bibliothek verzeichnet diese Publikation in der Deutschen National-
bibliografie; detaillierte bibliografische Daten sind im Internet über http://dnb.d-
nb.de/ abrufbar.

Dieses Werk sowie alle darin enthaltenen einzelnen Beiträge und Abbildungen
sind urheberrechtlich geschützt. Jede Verwertung, die nicht ausdrücklich vom
Urheberrechtsschutz zugelassen ist, bedarf der vorherigen Zustimmung des Verla-
ges. Das gilt insbesondere für Vervielfältigungen, Bearbeitungen, Übersetzungen,
Mikroverfilmungen, Auswertungen durch Datenbanken und für die Einspeicherung
und Verarbeitung in elektronische Systeme. Alle Rechte, auch die des auszugsweisen
Nachdrucks, der fotomechanischen Wiedergabe (einschließlich Mikrokopie) sowie
der Auswertung durch Datenbanken oder ähnliche Einrichtungen, vorbehalten.

Impressum:

Copyright © 1996 GRIN Verlag GmbH
Druck und Bindung: Books on Demand GmbH, Norderstedt Germany
ISBN: 978-3-640-12589-0

GRIN - Your knowledge has value

Der GRIN Verlag publiziert seit 1998 wissenschaftliche Arbeiten von Studenten, Hochschullehrern und anderen Akademikern als eBook und gedrucktes Buch. Die Verlagswebsite www.grin.com ist die ideale Plattform zur Veröffentlichung von Hausarbeiten, Abschlussarbeiten, wissenschaftlichen Aufsätzen, Dissertationen und Fachbüchern.

Besuchen Sie uns im Internet:

http://www.grin.com/

http://www.facebook.com/grincom

http://www.twitter.com/grin_com

Ernst Probst

Die Stader Gruppe
in der Bronzezeit

Dr. Friedrich Laux gewidmet

Ernst Probst

Die
Stader Gruppe
in der
Bronzezeit

Vorwort

Die Bronzezeit vor mehr als 2000 bis 800 v. Chr. gilt als die erste und längere der Metallzeiten in Europa. In dieser Zeit wurden Werkzeuge, Waffen und Schmuck aus Bronze hergestellt. In einigen Gebieten hatte die Bronzezeit eine andere Zeitdauer. So begann sie in Süddeutschland schon vor etwa 2300 v. Chr. und endete um 800 v. Chr. In Norddeutschland dagegen währte sie von etwa 1600 bis 500 v. Chr.

Zu den in Deutschland verbreiteten Kulturen der Bronzezeit gehören die Stader Gruppe in der älteren Bronzezeit (etwa 1500 bis 1200 v. Chr.), die Stader Gruppe in der mittleren Bronzezeit (etwa 1200 bis 1100 . Chr.) und die Stader Gruppe in der jüngeren Bronzezeit (etwa 1100 bis 800 v. Chr.).

Den Begriff „Stader Gruppe" hat 1981 der Prähistoriker Arne Lucke in seiner Hamburger Dissertation erstmals für eine Lokalgruppe der jüngeren Bronzezeit verwendet. Im Gegensatz dazu benutzt der Hamburger Prähistoriker Friedrich Laux die Bezeichnung „Stader Gruppe", die er 1987 bei einem Vortrag in Bad Stuer erwähnte und auf die er 1991 in einem Aufsatz zurückgriff, für eine Gruppe, die sich in der älteren, mittleren und jüngeren Bronzezeit behauptete.

Die Texte über die Stader Gruppe stammen aus dem vergriffenen Buch „Deutschland in der Bronzezeit" (1996) des Wiesbadener Wissenschaftsautors Ernst Probst in alter deutscher Rechtschreibung und entsprechen dem damaligen Wissensstand. Weitere Kulturen der Bronzezeit aus Deutschland werden ebenfalls in Einzelpublikationen vorgestellt.

Arne Lucke,
geboren am
11. Dezember 1944,
in Forst,
prägte 1981
die Namen
Stader Gruppe
und
Verdener Gruppe.

Friedrich Laux,
geboren am
8. März 1938
in Roth bei Nürnberg,
zuletzt am
Hamburger Museum
für Archäologie tätig,
benannte mehrere
Gruppen der Bronzezeit.

Drei Nackte
blickten zur Sonne

Die Stader Gruppe in der älteren Bronzezeit
(etwa 1500 bis 1200 v. Chr.)

Im Dreieck zwischen Elbe und Weser sowie bis zur Niederung der Este in der Stader Geest war in der älteren Bronzezeit von etwa 1500 bis 1200 v. Chr. die Stader Gruppe heimisch. Ihr Verbreitungsgebiet umfaßte – nach Erkenntnisssen des Hamburger Prähistorikers Friedrich Laux – die heutigen Kreise Stade, Cuxhaven, Rotenburg/Wümme und Verden.

Den Begriff „Stader Gruppe" hat 1981 der Prähistoriker Arne Lucke in seiner Hamburger Dissertation erstmals für eine Lokalgruppe der jüngeren Bronzezeit verwendet. Im Gegensatz dazu benutzt Laux die Bezeichnung Stader Gruppe, die er 1987 bei einem Vortrag in Bad Stuer erwähnte und auf die er 1991 in einem Aufsatz zurückgriff, für eine Gruppe, die sich in der älteren, mittleren und jüngeren Bronzezeit behauptete.

Die Stader Gruppe wird zum Nordischen Kreis der Bronzezeit gerechnet. Er umfaßte in der älteren Bronzezeit Südnorwegen, Süd- und Mittelschweden, Dänemark, Schleswig-Holstein, die Gegend von Stade in Niedersachsen und das Küstengebiet in Mecklenburg-Vorpommern. Seine südliche Grenze lag im Raum Stade.

Wie in der Lüneburger Gruppe gab es offenbar auch in der Bevölkerung der Stader Gruppe eine soziale Oberschicht. Darauf deuten die reichen Grabbeigaben in den Steinkisten-

Mit einem Beil bewaffneter Häuptling
aus der älteren Bronzezeit in Norddeutschland.
Er sitzt auf einem Klappstuhl mit lederner Sitzfläche.
Teile eines solchen Sitzmöbels
wurden in Daensen bei Buxtehude (Kreis Stade)
in Niedersachsen gefunden.

gräbern von Heerstedt (Kreis Cuxhaven) und Essel bei Kutenholz (Kreis Stade) hin. Darin waren vornehme Krieger mit bronzenen Waffen und Schmuckstücken bestattet worden. Im Steinkistengrab von Heerstedt lag zudem eine kostbare verzierte Holzschale. Auch der Klappstuhl von Daensen (Kreis Stade) dürfte zum Besitz eines Menschen von Rang gezählt haben.

Von der Kleidung der Stader Leute blieben nur die bronzenen Fibeln erhalten, mit denen die Gewänder zusammengehalten wurden. Nach den Funden zu schließen, erhielten Rundkopffibeln gegenüber den selteneren Flachkopffibeln den Vorzug. Erstere wurden in Heerstedt, Meckelstedt bei Lintig und Dornsode bei Armstorf (alle im Kreis Cuxhaven) sowie in Anderlingen (Kreis Rotenburg/Wümme) und Essel bei Kutenholz (Kreis Stade) entdeckt. Eine Flachkopffibel mit Sanduhrkopf kam in Hagenah bei Heinbockel (Kreis Stade) zum Vorschein.

Auf Bart- und Haarpflege weisen die Funde von doppelschneidigen bronzenen Rasiermessern hin. Sie gelten als Neuerungen jener Zeit. Einen solchen Toilettegegenstand kennt man aus Essel bei Kutenholz.

Zum Eigentum bedeutender Persönlichkeiten – vielleicht Häuptlingen – gehörte mitunter ein Klappstuhl mit Lederauflage sowie bronzenen Beschlag- und Schmuckteilen. Reste solch seltener Sitzmöbel wurden bisher nur in Männergräbern der älteren Bronzezeit in Niedersachsen, Schleswig-Holstein und Dänemark geborgen. Als eine der kostbarsten Entdeckungen dieser Art gilt der Klappstuhl aus einem Grabhügel von Daensen bei Buxtehude (Kreis Stade). Es ist der am weitesten südlich gelegene Fund eines derartigen Möbelstückes.

Von den hölzernen Teilen des Klappstuhls aus Daensen sind

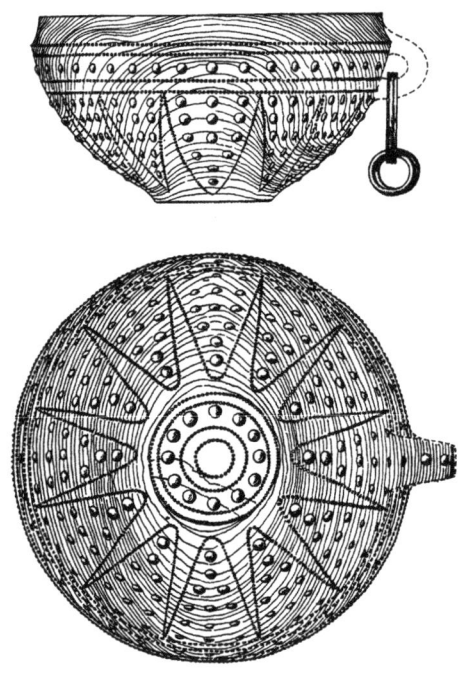

Rekonstruierte Holzschale mit Sternmotiv
aus Heerstedt (Kreis Cuxhaven) in Niedersachsen.
Höhe 14 Zentimeter,
Mündungsdurchmesser 25,5 Zentimeter.
Der Fund wurde 1946 bei einem Brand
im Morgenstern-Museum, Bremerhaven, zerstört.

nur sieben kleine Ahornholzstücke erhalten geblieben. Ein Stück Schafleder verrät, aus welchem Material die einstige Sitzfläche bestand. Außerdem wurden zahlreiche bronzene Beschlag- und Schmuckteile geborgen. Dazu gehören vier Bronzeknäufe mit Klapperblechen, zwei kleinere Bronzeknäufe, vier Bronzebleche mit Goldblechauflage, drei ovale Beschlagteile, zwei rechteckige Beschlagplatten mit Goldblechauflage und einige Bronzefragmente. Die Goldbleche sind mit eingepunzten Punkten und Kreisen verziert.

Der Heidelberger Archäologe Ernst Wahle (1889–1981) hat 1932 darauf hingewiesen, daß die Klappstühle eine Besonderheit der nordischen Bronzezeit darstellen. Nach seiner Auffassung haben diese Sitzmöbel in den thronartigen Klappstühlen und Thronsesseln aus ägyptischen Pharaonengräbern ihr Gegenstück. Am Klappstuhl von Guldhoj bei Vamdrup in Jütland (Dänemark) war das Sitzleder mit Stiften festgeheftet. Dagegen hatte man das Sitzleder des Klappstuhls von Bechelsdorf bei Niendorf (Kreis Nordwestmecklenburg) in Mecklenburg-Vorpommern durch den Hohlschlitz der Längsstäbe geschoben. Der Schaflederrest des Klappstuhls von Daensen verrät, daß Schafe als Haustiere gehalten wurden.

Die schlecht gebrannten und nur selten verzierten Tongefäße der Stader Gruppe gehören zur sogenannten „Kümmerkeramik". Reste von Tongefäßen lagen manchmal als Beigaben für Verstorbene in Gräbern (Meckelstedt, Quelkhorn). In einem Hügelgrab bei Holtum-Geest (Kreis Verden) wurde ein neun Zentimeter langer und 7,5 Zentimeter breiter Tonlöffel gefunden.

Viel prächtiger als die damaligen Tongefäße sah die in einem Steinkistengrab von Heerstedt (Kreis Cuxhaven) entdeckte Holzschale aus, die leider 1946 bei einem Brand zerstört wurde. Das aus dem Wurzelstock eines Laubbaumes geschnitzte Gefäß mit einer Höhe von 14 Zentimetern und einem Mündungsdurchmesser von 25,5 Zentimetern war auf der Außenseite mit einem Sternmotiv verziert. Hierzu verwendete der Künstler viele kurze Bronzestifte ohne Kopf und etwa 250 Zinnblechkugeln, die er in die einen Zentimeter dicke Schalenwand geschlagen hatte.

Als Hauptmotiv auf der Außenseite der Schale diente ein zwölfstrahliger Stern, der durch die Stiftreihen gebildet wurde. Die Felder zwischen den Strahlen hat man mit Zinnbuckeln gefüllt. Waagrecht über den Spitzen der Strahlen verlief ein durch zwei Stiftreihen gebildetes Linienband, dem sich eine Zone mit einer Reihe von Zinnbuckeln und zum Abschluß zwei Stiftreihen anschlossen. Der Boden der Holzschale hatte einen Durchmesser von 8,5 Zentimetern. Er war mit zwei doppelten Stiftkreisen und dazwischen einem lockeren Kreis aus zwölf Zinnbuckeln verziert. Die Schale besaß einen Henkel, an dem zwei kleine bronzene Ringe hingen.

Die Holzschale von Heerstedt war zusammen mit einem bronzenen Vollgriffschwert, einem Absatzbeil, einem Dolch, einer zweiteiligen Fibel mit verziertem bandförmigen Bügel und einem Fingerring zum Vorschein gekommen. Diese Gegenstände gehörten zum Besitz eines vornehmen Kriegers, den man in gestreckter Körperlage in einem Steinkistengrab beigesetzt hatte.

Manche Männerbestattungen in Steinkistengräbern enthielten auch bronzene Messer. Sie gelten nicht als Waffen, sondern als Werkzeuge. Je ein Messer fand man in Essel bei Kutenholz (Kreis Stade) und in Quelkhorn (Kreis Verden). Zur Waffenausrüstung der Männer gehörte damals – nach Erkenntnissen von Friedrich Laux – stets ein bronzenes Langschwert, das in der Regel mit einem Absatzbeil vom nordischen oder Osthannover-Typ kombiniert wurde. Bronzene Dolche fanden seltener als Schwerter und Beile Verwendung.

Unter Schwertern gab es nordische Vollgriffschwerter, diverse Formen von Griffzungen- oder Griffplattenschwertern und vereinzelt aus Süddeutschland importierte Vollgriffschwerter mit achtkantigem Griff. Derartige Waffen wurden vor allem in Steinkistengräbern gefunden.

Ein nordisches Vollgriffschwert hat man im bereits erwähnten Steinkistengrab von Heerstedt entdeckt. An ihm hafteten noch Reste der verzierten Holzscheide. Griffzungenschwerter wurden in Dornsode und Langen (beide Kreis Cuxhaven) sowie in Quelkhorn bei Ottersberg (Kreis Verden) zutage befördert. Ein Griffplattenschwert kam in Essel zum Vorschein und je ein Vollgriffschwert mit achtkantigem Griff in Meckelstedt sowie in Wiepenkathen (beide Kreis Stade), wovon das letztere besonders prächtig ist.

Die bronzenen Klingen der Absatzbeile steckten in hölzernen Schäften. Reste des Schaftes befanden sich noch an der Klinge des Absatzbeiles, das im Steinkistengrab von Anderlingen (Kreis Rotenburg/Wümme) entdeckt wurde. Absatzbeile hat man in den Steinkistengräbern von Anderlingen, Dornsode, Essel, Hagenah, Heerstedt, Langen, Mekkelstedt und Quelkhorn geborgen. Häufig war der Schäftungsteil der Beilklingen verziert.

Bronzene Dolche lagen außer in den Frauengräbern von Beckdorf und Niendorf auch in Männergräbern. Auf entsprechende Exemplare stieß man in den Steinkistengräbern von Anderlingen, Hagenah, Heerstedt und Meckelstedt, in denen Krieger bestattet worden waren. Der Dolch von Heerstedt hatte acht Nägel, mit denen einst der nicht mehr existierende Griff befestigt war.

Ein Beispiel für den Wegebau um 1200 v. Chr. wurde in

einem Moor bei Groß Heins im Kreis Verden entdeckt. Dort überquerte man mit Hilfe einer Reihe größerer Steine das unsichere Gelände. Vermutlich haben die Benutzer dieses Stapfweges auf benachbarten Teilen des Sandbodens gewohnt und Vieh gehalten.

Aus der älterbronzezeitlichen Stader Gruppe oder aus einige Jahrhunderte späterer Zeit könnte das Wagenrad von Beckdorf (Kreis Stade) stammen, das von den Entdeckern zunächst als „Holzdeckel" fehlgedeutet worden ist. Es wurde aus dem Stamm einer fast 70 Zentimeter dicken Erle geschaffen. Derart mächtige Erlenstämme gibt es heute nicht mehr. Das Rad hat einen Durchmesser von 67 Zentimetern. Es ist am Rand fünf Zentimeter und in der Mitte bis zu 10,5 Zentimeter dick. In dem rundlichen Loch von etwa 20 Zentimeter Durchmesser befand sich ursprünglich die röhrenförmige Holznabe.

Die Frauen der Stader Gruppe haben zu Lebzeiten bronzene gedrehte Halsringe, Armschmuck und am Gürtel befestigte Schmuckscheiben getragen. Das Wissen über ihren Schmuck ist bescheiden, weil es in der Stader Gruppe unüblich war, die Frauen mit ihrem gesamten Schmuck zu bestatten, wie es in der Lüneburger Gruppe gehandhabt wurde. Aus diesem Grund dürfte es sich bei einem großen Teil der Gräber ohne Beigaben um Beisetzungen von Frauen handeln.

Lediglich im östlichen Randbereich der Staader Gest sind Frauenbestattungen gefunden worden, die Beigaben enthielten. Sowohl in Beckdorf als auch in Niendorf bei Beckdorf (Kreis Stade) lag jeweils ein bronzener Dolch in einem Frauengrab. Diese Beigabe war für die nordische Bronzezeit typisch, zu der die Stader Geest in der älteren Bronzezeit gehörte.

Die Tote von Beckdorf hatte man in einem Baumsarg zur

letzten Ruhe gebettet. Um den Hals trug sie einen gedrehten bronzenen Ring. Links und rechts im Haar oder an einer nicht mehr vorhandenen Kopfhaube prangte je ein zierlicher Spiralring. Vor der Brust steckte eine 25 Zentimeter lange bronzene Nadel im Kleid. Am linken Unterarm hing ein bronzener Armring, während das rechte Bein von einem bronzenen Fußring geziert wurde. Links neben dem Kopfende stand außerhalb des Baumsarges ein verziertes Tongefäß mit vier kleinen Henkeln.

Eine Frauenbestattung in der Tracht der Stader Gruppe liegt vom östlichen Rand der Stader Geest aus Heidenau (Kreis Harburg) vor. Zur Ausstattung jener Verstorbenen gehören ein gerippter Halskragen, zwei gedrehte Halsringe, ein Armring und zwei kleine am Gürtel befestigte Scheiben. Letztere waren offenbar typisch für die Stader und nord-elbische Dithmarscher Gruppe. Diese Frau hatte in die Lüneburger Gruppe eingeheiratet, ihren Dolch abgelegt und die Lüneburger Radnadel als Zeichen der verheirateten Frau erhalten. Einige kegelförmige Hütchen und Spiralröllchen vervollständigten das Ensemble. Da diese Frau in Stader Schmucktracht im Bereich der Lüneburger Gruppe der älteren Bronzezeit lebte und starb, wurde sie nach Lüneburger Sitte mit ihrem gesamten Schmuck beigesetzt, was diese Analyse erlaubt.

Zu den Beigaben für den verstorbenen Krieger im Steinkistengrab auf dem Türlürsberg bei Bramstedt (Kreis Cuxhaven) soll auch ein goldener Ring gehört haben, der sich angeblich am Handgriff eines Schwertes befand. Vielleicht handelte es sich hierbei um eine leicht biegsame goldene Lockenspirale, die um den Schwertgriff gewickelt worden war. Es ist aber auch möglich, daß das goldene Objekt von einem viel jüngeren Schatzfund mit römischen Münzen stammte. Der Türlürsberg soll früher ein Berg von beträchtlicher Höhe gewesen sein, der im Laufe der Zeit immer mehr abgetragen wurde.

Die Menschen der Stader Gruppe haben ihre Verstorbenen unverbrannt bestattet. Über dem Grab wurde ein Hügel aufgeschüttet. Im Verbreitungsgebiet der Stader Gruppe sind die Grabhügel meistens in langezogenen Reihen angeordnet. Während einer kurzen Zeitspanne herrschte die Sitte, den Toten in einem mannslangen Steinkistengrab zu beerdigen. Dieser Gräbertyp wurde in zwei verschiedenen Formen zu gleicher Zeit übernommen. Dabei handelte es sich um die Steinkistengräber der Gruppe Anderlingen-Heerstedt und um die Steinkistengräber der Gruppe Goldbeck-Daudieck.

Die Steinkistengräber der Gruppe Anderlingen-Heerstedt sind nach den Fundorten Anderlingen (Kreis Rotenburg/Wümme) und Heerstedt (Kreis Cuxhaven) benannt. Charakteristisch für sie ist der rechteckige oder leicht trapezförmige Grundriß von etwa zwei Meter lichter Länge und 0,80 bis einem Meter lichter Breite. Die Längsseiten dieser teilweise in den Boden eingetieften Steinkistengräber bildete man aus mehreren Granitblöcken und jeweils einem breiten Steinblock an den Schmalseiten. Die meistens 0,80 bis einen Meter hohen Steinkistengräber wurden häufig mit zwei oder drei flachen Steinplatten abgedeckt. Der Boden der Grabkammer war stellenweise gepflastert.

Steinkistengräber der Gruppe Anderlingen-Heerstedt kennt man im ganzen Verbreitungsgebiet der Stader Gruppe. Sie wurden in den Kreisen Rotenburg/Wümme (Anderlingen), Cuxhaven (Dornsode, Heerstedt, Langen, Meckelstedt), Stade (Essel), Verden (Hohenaverbergen, Quelkhorn) nachgewiesen. Das Steinkistengrab von Heerstedt hatte einen trapezförmigen Grundriß.

16

Die Steinkistengräber der Gruppe Goldbeck-Daudieck erhielten ihren Namen nach den Fundstellen Goldbeck bei Beckdorf und Daudieck bei Horneburg (beide im Kreis Stade). Dieser Typ kam nur im Bereich südlich von Stade vor. Die Längsseiten jener Steinkistengräber bestehen jeweils aus einer einzigen langen Steinplatte und je einer kleineren Platte oder einem Findling an den Schmalseiten. Als Abdekkung dienten eine oder zwei flache Steinplatten. Auch solche Steinkistengräber sind in den Boden eingetieft. Die Grabkammer wurde meistens mit einer Packung von Rollsteinen bedeckt.

Steinkistengräber der Gruppe Goldbeck-Daudieck sind auf das Gebiet des Kreises Stade beschränkt. Dazu gehören die Fundorte Daudieck, Goldbeck (Grabhügel 82), Harsefeld, Ahlerstedt und Hagenah bei Heinbockel.

Das Steinkistengrab von Goldbeck mit den Innenmaßen 1,90 mal 0,80 Meter war aus extrem schmalen Steinplatten erbaut und wurde mit einer Steinplatte von 2,40 Meter Länge, einem Meter Breite sowie 20 Zentimeter Dicke bedeckt. Das Steinkistengrab von Daudieck hatte die Innenmaße 1,70 mal 0,90 Metern. Seine Längsseiten wurden durch je eine 1,70 Meter lange, extrem schmale Steinplatte gebildet. Auf der westlichen Schmalseite standen eine flache Steinplatte und dahinter ein Steinblock, den Abschluß der östlichen Schmalseite markierte ein Findling. In den einzigen Deckstein wurden zahlreiche Schälchen eingetieft, deren Zweck unbekannt ist.

Die Steinkistengräber der Stader Gruppe gleichen völlig denen in nördlich anschließenden Gebieten wie in Dithmarschen (Schleswig-Holstein), auf den Nordfriesischen Inseln, im nördlichen Jütland (Dänemark) und auf den Dänischen Inseln. Damit gehören die Steinkistengräber zwischen We-

*Bildstein mit Darstellung menschlicher Gestalten
aus Anderlingen (Kreis Rotenburg/Wümme)
in Niedersachsen.
Länge 1,15 Meter, Breite 75 Zentimeter,
Dicke 50 Zentimeter.
Original im Niedersächsischen Landesmuseum
Hannover.*

ser, Aller und Elbe – laut Friedrich Laux – zur nordischen Bronzezeit, wogegen sie in der Lüneburger Gruppe nicht vorkamen. Ähnliche Gräber erbaute man damals auch in der Bretagne (Frankreich) und im südlichen England.

Das erste Steinkistengrab der Stader Gruppe war schon um 1730 auf dem Türlürsberg bei Bramstedt (Kreis Cuxhaven) bei der Abtragung von Erdreich entdeckt worden. Es wurde 1759 von dem Pastor Martin Mushard (1699–1770) aus Geestendorf bei Bremerhaven – im Stile jener Zeit – phantasievoll als „Monumentum des vergötterten Helden Tür Lürs zu Bramstädt im Herzogthume Bremen" beschrieben.

Außer Steinkistengräbern gab es andere Grabformen wie Langhügel und Totenhäuser. Ein etwa 50 Meter langer und 5,50 Meter breiter Langhügel in der Fischbeker Heide bei Hamburg enthielt zur Überraschung der Ausgräber kein jungsteinzeitliches Großsteingrab, sondern etwa in Höhe der Mittelachse zahlreiche Gräber der älteren Bronzezeit. In Baden bei Achim (Kreis Verden) wurde unter einem Grabhügel eine Totenhütte mit vier Pfosten sowie steinerner Kultnische entdeckt. Darin dürfte eine Körperbestattung in einem Baumsarg gelegen haben. Totenhäuser wurden vor allem in der Lüneburger Gruppe errichtet.

Wie in der Lüneburger Heide wurden auch im Verbreitungsgebiet der Stader Gruppe einige der rätselhaften Rillensteine und Rinnensteine gefunden, so zum Beispiel derjenige vom Forsthaus Hollenbeck (Kreis Stade). Dieser 1,10 Meter hohe Rillenstein wird seit 1979 in der vor- und frühgeschichtlichen Abteilung des Schwedenspeichermuseums in Stade aufbewahrt.

Als eindrucksvollstes Zeugnis des Kultes der Stader Gruppe gilt der Bildstein von Anderlingen (Kreis Rotenburg/Wümme). Er markierte die südliche Schmalseite eines Steinkistengrabes, auf das Landwirte im Oktober 1907 gestoßen waren, als sie einen Grabhügel abtrugen, um Sand und Steine zu gewinnen. Der Hügel von zwei Meter Höhe und 25 Meter Durchmesser barg eine Grabkammer, die innen zwei Meter lang, 70 Zentimeter breit und einen Meter hoch war. Die Grabkammer bestand aus zwölf Wandsteinen und drei Decksteinen. Darin war ein Mensch, von dem nur noch wenige Skelettreste erhalten geblieben sind, in einem längst verrotteten Baumsarg bestattet.

Zur Zeit der Entdeckung waren die in den 1,15 Meter langen, 0,75 Meter breiten und 0,50 Meter dicken Bildstein eingemeißelten drei menschlichen Gestalten noch nicht erkennbar. Sie wurden durch anhaftenden Sand bedeckt und erst Ende Januar 1908 sichtbar, als der Sand abbröckelte. Bedauerlicherweise haben Einheimische, die den wissenschaftlichen Wert dieses Objekts nicht ahnten, den Bildstein mit weiteren Darstellungen verunziert. Kurz danach besichtigte der damals in Hannover tätige Archäologe Hans Hahne (1875–1935) die Fundstelle und ließ den Bildstein fotografieren.

Die in den Anderlinger Bildstein eingemeißelten drei Gestalten sind nackt und tragen vogelartig wirkende Masken. Ähnliche Vermummungen sind auf südschwedischen Felsbildern zu sehen. Der erste Mensch auf der linken Seite hat die Hände wie zum Gebet erhoben und die Finger gespreizt. Daneben steht in der Mitte ein Mensch, der mit erhobenen Händen ein Beil hält, wie man es von skandinavischen Prozessionsdarstellungen kennt. Rechts davon trägt ein Mensch ein nicht identifizierbares Objekt in seinen Händen und wird von zwei in den Stein eingetieften Schälchen flankiert.

Der rätselhafte Gegenstand in den Händen der rechten Figur

auf dem Anderlinger Bildstein wurde von verschiedenen Autoren schon als Opfergabe, Schallinstrument oder rauchende Opferschüssel interpretiert. Die beiden Schälchen an den Seiten der Gestalt hat man als Symbole der Feuererzeugung, des Feuers und der Sonne gedeutet. Und die Figur selbst wurde schon als Frau mit langem Rock verkannt.

Der Prähistoriker Karl Hermann Jacob-Friesen (1886–1960) aus Hannover erachtete den Anderlinger Bildstein als „Dreigötterstein". Er meinte, die linke Gestalt mit erhobenen Händen sei der Feuergott, die mittlere mit der Axt der Sonnengott und die rechte der Mondgott. Diese Theorie entsprach den Schilderungen von Cäsar und Tacitus über die Götterdreiheit der Germanen. Das Motiv des Mannes mit erhobenen Händen gilt auf nordischen Felsbildern der Bronzezeit auch als Dämon, Tänzer oder Betender (Adorant).

Heute neigt die Fachwelt am meisten zur 1963 von der damals in Hannover arbeitenden Prähistorikerin Clara Redlich vertretenen Ansicht, die drei menschlichen Gestalten auf dem Anderlinger Bildstein stellten den Aufzug einer Bestattungsszene dar. Der Prähistoriker Wolfgang Dietrich Asmus (1908–1993) aus Hannover wertete 1990 die Szene als eine Heilsbeschwörung des im Steinkistengrab bestatteten Menschen, der offenbar eine wichtige Funktion im Rahmen des Sonnenkults innehatte. Alle drei Beschwörer blickten bei der ursprünglichen Ausrichtung des Bildsteins im Steinkistengrab nach Südwesten zur untergehenden Sonne.

Bronzenes
Achtkantschwert
mit Scheide
aus einem Männergrab
(Grabhügel 4,
Bestattung 2)
von Wiepenkathen
(Kreis Stade)
in Niedersachsen.
Länge des Schwertes
70 Zentimeter.
Originale im
Schwedenspecher-
Museum, Stade.

Zeichen der Unruhe
im Norden

Die Stader Gruppe in der mittleren Bronzezeit
(etwa 1200 bis 1100 v. Chr.)

Auf der Stader Geest und der Bremerhavener Geest endete
die Sitte der älterbronzezeitlichen Stader Gruppe, den Toten
bronzene Waffen und Schmuckstücke ins Grab zu legen,
ziemlich unvermittelt mit dem Beginn der mittleren Bronzezeit um 1200 v. Chr. Das hatte zur Folge, daß sich die
Stader Gruppe nun archäologisch kaum noch nachweisen
läßt, obwohl sie sicherlich weiterhin existierte.

Schon in der Schlußphase der älteren Bronzezeit wurden auf
der Stader und Bremerhavener Geest die Toten – im Gegensatz zu vorher – auf Scheiterhaufen verbrannt. Man bewahr-
te aber die übriggebliebenen Knochenreste noch nicht in
Urnen auf, sondern fertigte Baumsärge an und streute darin
den Leichenbrand aus. Auf diesem wurden Schwerter und
Nadeln, die nicht dem Feuer ausgesetzt waren, abgelegt.

Das Bemerkenswerte daran ist, sagt der Hamburger Prähistoriker Friedrich Laux, daß man einen derartigen Umbruch
zu einem neuen Brauchtum auf eine, allenfalls zwei Gene-
rationen eingrenzen kann. Diese existierten am Übergang
von der älteren Bronzezeit (Periode II) zur mittleren Bronzezeit (Periode III).

Als eines der bedeutendsten Gräber aus der älteren Phase
gilt die Bestattung 2 im Grabhügel 4 mit einem Durchmesser von 26 Metern und einer Höhe von zwei Metern auf dem

„Hohen Feld" bei Wiepenkathen (Kreis Stade). Es ist eine Männerbeisetzung mit einem 70 Zentimeter langen, verzierten Achtkantschwert, einer Schwertscheide aus Haselnußholz (Corylus avellana) und Leder sowie einem 20,3 Zentimeter langen Dolch mit bruchstückhaft erhaltener Scheide aus Holz und Leder und einem Ortband. Das Achtkantschwert zeigt das typische Muster mit den ineinandergreifenden S-Haken der süddeutschen Riegsee-Schwerter aus der Urnenfelder-Kultur. Es ist sicherlich importiert worden. Für die Datierung des Phänomens der neuen Bestattungssitte sind – laut Friedrich Laux – die Funde auf dem Galgenberg bei Debstedt in der Gemeinde Langen (Kreis Cuxhaven) wichtig. Die ältere Brandbestattung von dort ist nämlich noch mit einem älterbronzezeitlichen Schwert ausgestattet, die jüngere bereits mit einem mittelbronzezeitlichen. Wenn man den Grabfund von Farven (Kreis Rotenburg/Wümme), wo ein importiertes Griffzungenschwert und eine gezackte Nadel auf den ausgestreuten Leichenbrand gelegt wurden, ebenfalls unter diesem Aspekt betrachtet, dann werden hier wieder Verbindungen nach Süddeutschland nachweisbar. Das ist für die Herkunft der neuen Bestattungssitte wichtig.

Diese neuen Brandbestattungen sind vielleicht Zeugnisse der Unruhe zu Beginn der süddeutschen Urnenfelder-Kultur, die sich auch auf die Stader Geest auswirkte. Der Wechsel von Körperbeisetzungen mit Ausstattung zu Leichenbrandstreuungen, die anfangs noch mit, später jedoch ohne Beigaben erfolgten, ist nämlich innerhalb von nur einer Generation erfolgt.

Einen derart unvermittelten Übergang von einer Bestattungsart zur anderen konnte Friedrich Laux in Niedersachsen nur noch einmal – in viel späterer Zeit, nämlich um 700 n. Chr.

– im Bardengau feststellen. Dort war man auf den spät-sächsischen Reihengräberfriedhöfen von einem Tag zum anderen von Brandgräbern zu von Süden nach Norden aus-gerichteten Körperbestattungen übergegangen. Hier spielte offensichtlich ein radikaler Wandel in den religiösen Vor-stellungen eine Rolle, in dessen Folge sogar die älteren Brandbestattungen teilweise zerstört wurden.

Auf welche Art und Weise die abrupte Änderung der Bestattungsart auf der Stader und Bremerhavener Geest aus-gelöst wurde, ist unklar. Vielleicht geschah dies friedlich durch Handelskontakte mit anderen Kulturen, bei denen ne-ben Sachgütern auch Ideen ausgetauscht wurden, oder durch umherziehende Priester, die mit ihren religiösen Vorstellun-gen die einheimische Bevölkerung beeinflußten. Denkbar wäre aber auch, daß Einwanderer gewaltsam ihr Glaubens-gut durchsetzten.

Ab der mittleren Bronzezeit erfolgten in der Stader Gruppe fast nur noch beigabenlose Brandbestattungen. Eine der Ausnahmen davon ist das Hügelgrab aus Westersode in der Gemeinde Hemmoor (Kreis Cuxhaven). Dort hatte man die Knochenreste eines verbrannten Toten auf eine rechteckig gepflasterte Steinsetzung gestreut und darüber ein Griffan-gelschwert mit Knaufkopf, ein Rahmengriffmesser, eine bronzene Nadel und ein Tongefäß gelegt.

Ein weiteres Grab dieses Hügels mit einer für diese Zeit ungewöhnlichen Körperbestattung enthielt eine bronzene Nadel mit waagrechtem Scheibenkopf und einen bronzenen Fingerring. Den Beigaben zufolge könnte es sich um ein Frauengrab handeln. Nach süddeutschen Maßstäben stammt diese Nadel aus der Hallstatt-Zeit A 1, was der nordischen mittleren Bronzezeit entspricht.

Ähnliche Körperbeisetzungen jener Zeit mit Waffen stammen vom Galgenberg bei Cuxhaven und vom Spanger Berg bei Spangen (Stadt Cuxhaven). Angesichts solcher Fälle stellt sich die Frage, weshalb man hier vom in der mittleren Bronzezeit normalen Brauchtum der Brandbestattung abging und wer zur letzten Ruhe gebettet wurde.

In Tarmstedt (Kreis Rotenburg/Wümme) sind Grabhügel mit Baumsärgen und in einem Fall sogar ein Totenhaus freigelegt worden. Das Totenhaus befand sich unter einem Grabhügel mit einem Durchmesser von etwa 11,50 Metern und einer heutigen Höhe von 65 Zentimetern. Es hatte vier Pfosten und Bohlenwände, war 2,90 beziehungsweise 2,80 Meter lang sowie 1,60 beziehungsweise 1,50 Meter breit. Darin dürfte eine Körperbestattung in einem Baumsarg vorgenommen worden sein. Totenhaus und Grabhügel wurden von einem kreisförmigen Palisadengraben umgeben.

Aus der Schlußphase der mittleren Bronzezeit stammen zwei bronzene Lüneburger Lanzenspitzen mit rhombischem Blatt und langer Tülle zur Aufnahme des hölzernen Schaftes aus dem Gebiet der Stader Gruppe. Weitere Lanzenspitzen dieser Gruppe und Zeitstellung aus Mooren konnten bisher aus der Stader Geest nicht nachgewiesen werden.

Die mittelbronzezeitliche Stader Gruppe ist ein Paradebeispiel dafür, daß eine archäologische Kultur schwer oder sogar nicht erkannt werden kann, wenn die Gräberfunde wenig aussagekräftig sind.

Der „heilige Wagen"
aus Stade

Die Stader Gruppe in der jüngeren Bronzezeit
(etwa 1100 bis 800 v. Chr.)

An der unteren Weser, auf der Verdener, Bremerhavener und
Stader Geest, existierte in der jüngeren Bronzezeit von etwa
1100 bis 800 v. Chr. weiterhin die Stader Gruppe. Ihr Verbreitungsgebiet umfaßte damals – nach Erkenntnissen des
Hamburger Prähistorikers Friedrich Laux – die heutigen
Kreise Cuxhaven, Stade, Bremervörde, Osterholz, Roten-
burg/Wümme und Verden. Nach Westen hin vorgelagert war
der westlich der Weser gelegene Kreis Wesermarsch.
Landschaftlich ist dieser Bereich stark gegliedert. Moore und
Flußniederungen, aus denen immer wieder mehr oder weniger ausgedehnte Geesthorste aufragen, bestimmen das geo-
graphische Bild. Damit verbunden sind lokale Unterschiede
innerhalb der Stader Gruppe, die sich teilweise in geringfü-
gig voneinander abweichenden Grab-, Bestattungs- und
Beigabensitten äußern beziehungsweise die hinter der
engräumigen Verbreitung einzelner Topf- und Geräteformen
angenommen werden können.
Diesen Gegebenheiten widmete sich inbesondere der Prähistoriker Arne Lucke in seiner Hamburger Dissertation von
1981. Für den Bereich der von Friedrich Laux herausgestell-
ten Stader Gruppe der jüngeren Bronzezeit, die von einem
anderen Prähistoriker auch Unterweser-Gruppe genannt wird,
unterscheidet Lucke drei Lokalgruppen: die Wesermünder

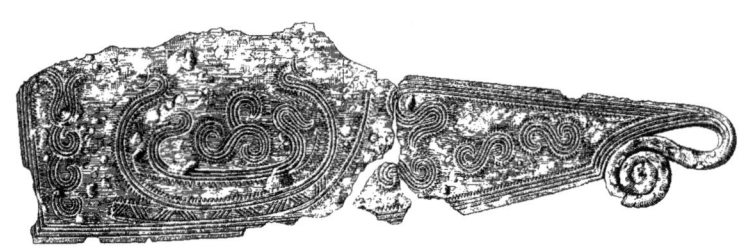

*Bronzenes Rasiermesser mit Schiffsdarstellung
aus dem sogenannten „Königsgrab"
auf dem „Hohekamp" bei Harsefeld (Kreis Stade)
in Niedersachsen.
Länge 15,1 ,Zentimeter.
Original im
Niedersächsischen Landesmuseum Hannover.*

Gruppe im Westen, die Verdener Gruppe im Süden und die Stader Gruppe im Osten. Letztere bleibt in dieser Definition fast ausschließlich auf den heutigen Kreis Stade beschränkt.

Eine Siedlung aus jener Zeit konnte in der Nähe der Hahnenknooper Mühle bei Rodenkirchen unweit von Stadland (Kreis Wesermarsch) freigelegt werden. Auf dem 100 mal 60 Meter großen Siedlungsgelände wurden Reste von drei Häusern in Pfostenbauweise entdeckt. Die Bauten standen einst auf dem Uferwall eines ehemaligen Wasserlaufes. Eines der Häuser war 15 Meter lang und hatte möglicherweise einen Stallteil. Als Bodenbelag in diesem Gebäude dienten aus Binsenbündeln kreuzweise gelegte, bis zu drei Zentimeter dicke Matten. Darin wurden Fruchtstände der Schwertlilie (Iris) konserviert.

Zur Kleidung gehörte unter anderem ein bronzener Gürtelhaken. Im Holtumer Moor bei Kirchlinteln (Kreis Verden) stieß man beim Torfstechen in etwa einem Meter Tiefe auf einen kleinen, aus Geweih geschnitzten Kamm. Er kam zusammen mit Werkzeugen, Schmuckstücken und einem Kranz aus Menschenhaar zum Vorschein. Der Menschenhaarkranz ist bei der Bergung zerfallen. Der Kamm wird im Schwedenspeicher-Museum, Stade, aufbewahrt.

Als typische Nadeln der jungbronzezeitlichen Stader Gruppe gelten Warzenkopfnadeln mit geradem Schaft und gebogenem Hals, Exemplare mit doppelkonischem Kopf und sämtliche Ausführungen der Nadeln mit kleinem Scheibenkopf. Mit ihnen wurden die Obergewänder verschlossen. Gleichzeitig dienten die Nadeln als Schmuckstücke.

Bei den bronzenen Rasiermessern stammen diejenigen mit S-förmig zurückgebogenem Griff aus der Periode IV, andere mit Spiralgriff oder breitem Griffortsatz dagegen aus der

Periode V. Letztere Fundstücke waren sowohl mit rechtek-kigen Griffabschlüssen mit und ohne Loch als auch mit drei-eckigen Griffabschlüssen mit rundem oder ovalem Loch versehen.

Von zwei Rasiermessern aus einem Brandgrab von Alfstedt (Kreis Rotenburg/Wümme) ist eines 14 Zentimeter lang und hat einen Griff in der Gestalt eines Tierkopfes. Auf dem 8,7 Zentimeter langen Rasiermesser von Krempel (Kreis Cux-haven) sind ein Fisch, Sonnen und ein Pferd dargestellt. Andere Rasiermesser wurden mit Schiffsmotiven verziert. Weitere Toilettegeräte waren bronzene Pinzetten zum Aus-zupfen störender Haare, Tätowiernadeln (Pfrieme) und mög-licherweise auch sogenannte „Lanzetten".

Die Pinzetten variieren zwischen breiten und kurzen sowie schmalen und langen Formen. Eine Pinzette aus Wester-wanna (Kreis Cuxhaven) entspricht der schmalen Ausfüh-rung und hat sich dreieckig verbreiternde, dreimal mit drei Buckeln verzierte Wangen.

Nach den häufigen Funden von weniger als zehn Zentime-ter langen Tätowiernadeln zu schließen, müßten damals viele Menschen ihre Haut tätowiert haben. Womöglich spiegelten die Tätowierungen gewisse Standesunterschiede der dama-ligen Bevölkerung wider.

„Lanzetten" wurden unter anderem in Barchel (Kreis Roten-burg/Wümme) und bei Daverden (Kreis Verden) geborgen. Der Fund aus Barchel ist 5,6 Zentimeter, der bei Daverden 8,3 Zentimeter lang. „Lanzetten" kamen fast immer zusam-men mit Rasiermessern, Pfriemen oder Tätowierstiften zum Vorschein. Derartige Objekte sind als Toilettegeräte, Pfeil-spitzen, Messer und sogar als Miniaturausführungen zeitge-nössischer Griffangelschwerter, die als symbolische Waffen-gabe in die Gräber gelangten, gedeutet worden.

Die Menschen der Stader Gruppe waren Ackerbauern und Viehzüchter. Auf Ackerbau deuten Funde steinerner und bronzener Sicheln hin. Steinsicheln kennt man aus Appeln (Kreis Cuxhaven).

In einem Haus der Siedlung Hahnenknoopermühle bei Rodenkirchen kamen Jagdbeutereste von Elch (Alces alces), Reh (Capreolus capreolus) und Nerz (Lutreola lutreola) zum Vorschein. Als Jagdwaffen dürften wohl vor allem Pfeil und Bogen Verwendung gefunden haben. Auch Hinweise auf sporadischen Fischfang liegen vor.

Unter den Tongefäßen gab es zweihenkelige Terrinen und einhenkelige Schüsseln. Die Terrinen haben einen bauchigen Körper und einen durch eine Kehle, Rille oder Furche abgesetzten Hals, der senkrecht oder kegelförmig aufsteigt. Derartige nur hin und wieder verzierte Gefäße dienten häufig als Urnen für den Leichenbrand.

Zu den metallenen Werkzeugen der jungbronzezeitlichen Stader Gruppe gehörten Messer, Ledermesser, Tüllenbeile und Absatzbeile.

Im „Königsgrab" von Harsefeld (Kreis Stade) lag ein Prunkmesser mit Schiffsdarstellung auf einer Schneidenseite. Dabei handelt es sich um einen Import aus dem Gebiet der nordischen Bronzezeit, was nicht verwundert, denn auf den gleichen Raum verweisen unter anderem die Gesichtsurnen und Warzenkopfnadeln.

Ein etwa sieben Zentimeter langes bronzenes Ledermesser zum Schneiden von Leder hat man in Beckdorf (Kreis Stade) gefunden. Es ähnelt den einige Jahrhunderte jüngeren Motiven auf griechischen Vasenbildern um 500 v. Chr.

Bronzene Beile dienten nur noch als Arbeitsgeräte. Die Klingen der Tüllenbeile hatten zunächst eine gerade und später eine bogenförmige Schneide.

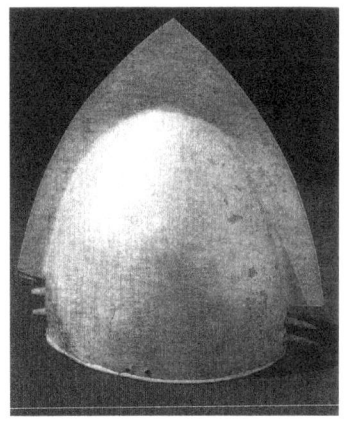

*Bronzener Kammhelm
aus der Lesum
nördlich von Bremen.
Höhe 31 Zentimeter.
Original
im Focke-Museum,
Bremer Landesmuseum
für Kunst-
und Kulturgeschichte.*

*Darstellung eines
bewaffneten Mannes
mit Rundschild
und Schwert
auf einem 35 Zentimeter
hohen Porphyrstein
bei Schafwinkel
(Kreis Verden)
in Niedersachsen.
Original im
Heimatmuseum
Verden/Aller.*

Manche Krieger der Stader Gruppe haben einen bronzenen Helm getragen. Das zeigt ein 31 Zentimeter hohes Exemplar, das 1938 aus dem Fluß Lesum nördlich von Bremen gebaggert wurde. Über dem halbkugelig gerundeten Haubenscheitel des Helmes ist ein spitzbogig auslaufender Kamm angebracht. Nach der 23,5 Zentimeter langen und 17,5 Zentimeter breiten Öffnung zu schließen, müßte ein gewaltiger Schädel durch den Kammhelm geschützt worden sein, wenn sein Träger ihn nicht mit einer ledernen Mütze oder einem federnden Polster ausstaffiert hätte.

Die Krieger waren mit bronzenen Schwertern, Lanzen und Dolchen sowie mit bronzenen Tüllenbeilen oder Lappenbeilen bewaffnet. Von den Schwertern eigneten sich manche zum Stechen und andere zum Hauen. Teilweise wurden die metallenen Waffen von weit her importiert.

Am Fundort des Kammhelmes aus der Lesum hat man ein Griffzungenschwert entdeckt, das vermutlich im Ostalpengebiet hergestellt wurde. Ein aus der Weser gebaggertes Griffzungenschwert soll aus der Gegend von Wiesbaden in Hessen stammen. Zwei bronzene Lanzenspitzen aus der Weser und Lesum könnten anglo-irischer Herkunft sein. Importiert wurden auch Möriger Dolche (Debstedt, Kreis Cuxhaven) und Peschiera-Dolche (bei Wehdel, Kreis Cuxhaven). Der Möriger Dolch ist nach einem Fundort in der Schweiz benannt, der Peschiera-Dolch nach einem Fundort in Italien.

Metallischen Vorbildern nachempfunden sind offenbar schön geschwungene, steinerne Klingen von Streitäxten mit gebogenem Nacken. Zu diesen Funden gehört eine 11,5 Zentimeter lange Klinge aus Felsgestein, die aus der Weser bei Bremen-Vegesack geborgen wurde. Weniger elegant wirken steinerne Klingen von Äxten mit Kegelstumpfnacken.

Die vier aus Bronze gegossenen Speichenräder
des Kultwagens von Stade aus Niedersachsen.
Raddurchmesser jeweils 58 Zentimeter,
Gewicht jeweils zwölf Kilogramm.
Originale im Schwedenspeicher-Museum, Stade.

Rekonstruktion des Kultwagens von Stade
als Gefährt für ein heiliges Gefäß aus dem Buch
„Einführung in Niedersachsens Urgeschichte"
des Prähistorikers
Karl Hermann Jacob-Friesen (1886–1960)
aus Hannover.

Depotfunde mit bronzenen Hängebecken, Gürteldosen und Klapperblechen belegen enge Kontakte der Stader Gruppe zur nordischen Bronzezeit. Solche Depots sind aus Holtum-Geest (Kreis Verden), Oerel (Kreis Rotenburg/Wümme) und aus dem Lehnstedter Moor (Kreis Osterholz) bekannt.

Schlaglichter auf das damalige Verkehrswesen werfen die vier aus Bronze gegossenen Räder des Kultwagens von Stade mit jeweils einem Durchmesser von 58 Zentimetern und einem Gewicht von je zwölf Kilogramm. Aus ihrer Nabe ragen vier Speichen und tragen den Radkranz, der nach außen hin U-förmig geöffnet ist. In diese Hohlkehle hat man einst vier viertelkreisförmige Eichenbretter eingesetzt, deren Rand etwa fünf Zentimeter aus dem Metallreifen herausragte und die Lauffläche bildete. Mit dieser erreichte das Rad einen Durchmesser von 68 Zentimetern.

Die viertelkreisförmigen Eichenbretter wurden mit 24 Stiftnieten an der Felge befestigt. Das Innere der Nabe weist keine Abriebspuren durch die Drehung der Achse auf. Weichholzreste weisen darauf hin, daß in der Nabe eine Holzröhre steckte, die als Verschleißbuchse diente. In ihr hatte ein fünf bis sechs Zentimeter dicker Achsschenkel Platz. Der Eichenrest in einer der Radfelgen wurde auf etwa 870 v. Chr. datiert.

Für eine Verwendung im Alltag war der Wagen von Stade wohl wegen der Seltenheit und Sprödigkeit seiner Räder nicht geeignet. Der Prähistoriker Karl Hermann Jacob-Friesen (1886–1960) aus Hannover deutete dieses Gefährt als „heiligen Wagen" für Kulthandlungen bei Vegetationsriten. Es könnte sich aber genausogut um ein Totenfahrzeug für die Bestattung einer bedeutenden Persönlichkeit gehandelt haben.

An manchen Halsketten prangten Bernsteinperlen, wie sie

beispielsweise aus Alfstedt (Kreis Bremervörde) sowie Lehnstedt und Westerwanna (beide Kreis Cuxhaven) geborgen werden konnten. Unter den seltenen Goldfunden sind ein goldener Armring und eine mit Goldblech belegte bronzene Plattenfibel aus Flögeln (Kreis Cuxhaven) besonders erwähnenswert. Beide lagen in einer ovalen Grube von 1,35 Meter Länge und 1,15 Meter Breite.

Der Goldarmring aus Flögeln hat einen maximalen Durchmesser von 7,9 Zentimetern und ein Gewicht von 82 Gramm. Er stammt vermutlich aus England oder Irland. Wahrscheinlich diente er nicht als Schmuck, sondern als Barren, in der Gold aus dem Westen bis Skandinavien gelangte. Darauf deuten Analysen von Goldfunden aus Irland und England hin.

Die Goldblechfibel aus Flögeln ist 14,6 Zentimeter lang und wiegt 135,5 Gramm. Ihre Nadel erreicht 11,5 Zentimeter Länge. Auf dem reichverzierten Goldblech wird eine sich schlängelnde Schlange dargestellt. Weitere Goldblechfibeln sind aus Emmendorf (Kreis Uelzen) und Goldenstedt-Rethwisch (Kreis Vechta) in Niedersachsen, aus Harridslevgaard und Flemlose in Dänemark sowie aus Haga und Rönnebergs in Schweden bekannt.

Der langjährige Kreisheimatpfleger Detlef Schünemann aus Verden/Aller hat in Gerkenhof bei Schafwinkel im Kreis Verden ein Kunstwerk jener Zeit entdeckt: nämlich einen 35 Zentimeter hohen Porphyrstein mit der Darstellung eines Mannes mit Rundschild und Schwert, die einem schwedischen Felsbild ähnelt. Die menschliche Gestalt von Gerkenhof trägt auf dem Kopf hörnerhelmartige Fortsätze. In Skandinavien sind mehrfach Hörnerhelme bildlich wiedergegeben und vereinzelt auch ausgegraben worden.

Als kleine Kunstwerke können die prächtig verzierten bronzen Rasiermesser angesehen werden. Die darauf eingeritzten Motive zeigen meistens Schiffe, aber manchmal auch andere Szenen.

Auf einem Rasiermesser aus der Gegend von Bremen ist ein Schiff mit einer menschlichen Figur an Bord abgebildet, die ein Paddel oder Saiteninstrument am ausgestreckten Arm hält. Demnach könnte die Gestalt ein Ruderer oder ein Musikant sein. Vor dem Schiff befindet sich eine Schlange mit aufgerolltem Schwanz und geöffnetem Rachen. Schlangen hatten im Norden in vorgeschichtlicher Zeit kultischen Charakter. Zudem schwimmt vor dem Schiffsbug ein Fisch.

Ein Rasiermesser aus einem Grabhügel von Heeßel bei Hemmoor (Kreis Cuxhaven) ist auf einer Schneidenseite mit einer Schiffsdarstellung versehen. Die Linien des acht Zentimeter langen Schiffes mit gespaltenem Vorder- und Achtersteven wurden eingraviert, halbkreis- und punktförmige Vertiefungen dagegen eingepunzt. Der linke Steven des Schiffes hat die Form eines stark stilisierten Pferdekopfes.

Das Rasiermesser aus dem „Königsgrab" von Harsefeld (Kreis Stade) zeigt zwei übereinanderstehende Schiffe. Beide enden mit Tierköpfen. Darüber schwebt ein „dreiarmiger Wirbel" (Dreiwirbel).

In Garlstedt (Kreis Osterholz) wurde die einzige aus Niedersachsen bekannte bronzene Lure entdeckt. Dieses 1,92 Meter lange Blasinstrument besteht aus mindestens vier oder mehr Einzelstücken, die man gegossen und durch Hartlötung zusammengefügt hat. Nur an einer Stelle ist die Lure lediglich mit einem Stöpsel verschlossen und zerlegbar. Die Mündungsscheibe hat einen Durchmesser von 26,5 Zentimetern. Die 21 Bruchstücke dieser Lure werden im Niedersächsischen Landesmuseum, Hannover, aufbewahrt.

Ein Felsbild in Kalleby (Schweden) belegt, daß Luren bei

kultischen Handlungen geblasen wurden. Dabei war ein lauter weicher Ton zu hören. Luren, die paarweise zum Vorschein kamen, sind immer genau musikalisch abgestimmt, und zwar in C, Es, E oder G.

Die Toten der jungbronzezeitlichen Stader Gruppe wurden auf Scheiterhaufen verbrannt. Ihre Aschen- und Knochenreste hat man in tönernen Urnen bestattet und diese häufig mit einer Schüssel oder mit dem Scherbenstück eines großen Gefäßes abgedeckt. In den Urnen lagen nur gelegentlich bronzene Beigaben wie eine Nadel, ein Tätowierstift (Pfriem), ein Rasiermesser oder eine Pinzette. Über der Urne schüttete man jeweils einen flachen Erdhügel auf.

Im Gegensatz zur Lüneburger Heide wurden im Verbreitungsgebiet der jungbronzezeitlichen Stader Gruppe meistens Friedhöfe mit Flachgräbern angelegt. Größere Grabhügel sind verhältnismäßig selten und stellten etwas ganz Besonderes dar.

Solche Grabhügel wurden auf dem Hohen Kamp nordöstlich von Harsefeld (Kreis Stade) errichtet. Der größte von ihnen war der Osterberg mit einen Durchmesser von 24 Metern und einer Höhe von vier Metern. Er bedeckte eine Steinpackung mit einem Durchmesser von 15 Metern und einer Höhe von 1,50 Metern, unter der sich eine Steinkiste aus fünf aufrecht stehenden Tragsteinen und einem Deckstein befand. Der Innenraum der Steinkiste war 90 Zentimeter lang, 70 Zentimeter breit, 60 Zentimeter hoch und wurde von einem 1,40 Meter langen und 85 Zentimeter breiten Deckstein bedeckt.

Auf der flachen Steinplatte, die als Boden diente, lag menschlicher Leichenbrand. Dem Toten hatte man ein Tongefäß, das erwähnte Rasiermesser mit zwei Schiffsdarstellungen und ein Ringstielmesser mit einem Schiffsmotiv ins Grab gelegt. Bei dieser ungewöhnlichen Bestattung handelt es sich vermutlich um ein „Fürstengrab" ähnlich jenem von Seddin in Brandenburg. Der Grabhügel von Harsefeld wird als „Königsgrab" bezeichnet. Damit verknüpft ist die Sage vom König, der dort mit Tisch und Eßgerät begraben worden sein soll.

Die jungbronzezeitlichen Friedhöfe der Stader Gruppe umfassen jeweils 100 bis 200 Bestattungen, teils mit plattigen Steinen abgedeckt, teils innerhalb von Steinkreisen. Einer dieser großen Friedhöfe wurde in Unterstedt (Kreis Rotenburg/Wümme) ausgegraben, andere Friedhöfe sind aus dem Kreis Cuxhaven bekannt, etwa aus Meckelstedt. Diese Gräberfelder wurden bis zum Beginn der frühen Eisenzeit belegt.

Sehr selten sind die aus dem Scheiterhaufen aufgelesenen Knochenreste von Toten in tönernen Gesichtsurnen vom kimbrischen Typ bestattet worden. Von solchen Gesichtsurnen kamen pro Friedhof nur ein oder zwei Exemplare vor. Bei einer besonders herrlichen Gesichtsurne von Settenbeck (Stadt Osterholz-Scharmbeck) in Niedersachsen sind sogar die Augenwimpern dargestellt.

Auf dem Giersberg bei Armsen (Kreis Verden) vermutete 1987 der bereits erwähnte frühere Kreisheimatpfleger Detlef Schünemann eine „sakrale Stätte" der jüngeren Bronzezeit. Dort war ihm eine ovale Mulde von etwa zehn Meter Länge und ca. sieben Meter Breite aufgefallen, an die sich im Osten und im Westen in geringer Entfernung jeweils ein hufeisenförmiger Wall anschloß.

Bei den daraufhin vorgenommenen Untersuchungen wurden innerhalb des westlichen, etwa sechs Meter langen und ca. zwei Meter breiten Walls ein Steinpflaster von etwa 2,40 Meter Länge und 1,80 Meter Breite sowie darunter ein 50

Zentimeter großer, zentnerschwerer Findling freigelegt. Außerdem kamen Reste eines Eichenholz-Feuers zum Vorschein, die – nach einer Radiokarbon-Datierung zu urteilen – aus der jüngeren Bronzezeit um 1000 v. Chr. stammen. Die Mulde und der östliche Wall weisen erhebliche Phosphatanreicherungen auf.

Laut Detlef Schünemann liegt der auf dem mutmaßlichen Heiligtum des Giersberges praktizierte Kult im Dunkel. Denkbar wären unter anderem Erntedank-Versammlungen (Erntedank-Opfer) oder die Beobachtung von Gestirnen.

1500 v. Chr.: In Norddeutschland und im südlichen Skandinavien beginnt die nordische ältere Bronzezeit (bis 1200 v. Chr.). Im südlichen Mitteleuropa war damals die Mittelbronzezeit – gebietsweise auch Hügelgräber-Bronzezeit genannt (etwa 1600 bis 1300/1200 v. Chr.).

Um 1500 v. Chr.: Die Churriter (Hurriter) gründen das Reich Mitanni (auch Chanigalbat oder Land Churri genannt). Es erstreckt sich bis an die Grenzen des Hethiterreiches und des ägyptischen Reiches in Nordostsyrien. Hauptstadt ist Wassukanni.

1490 v. Chr.: Thutmosis III. wird Pharao in Ägypten. Wegen dessen Minderjährigkeit übernimmt Hatschepsut (die Witwe des vorherigen Pharaos Thutmosis II.) die Regentschaft. 1488 tritt Hatschepsut in die vollen Rechte Pharaos ein.

Ab 1468 ist Thutmosis III. Alleinherrscher in Ägypten. Das Ende von Hatschepsut ist unklar. Im selben Jahr besiegt Thutmosis III. in der Schlacht bei Meggido die Syrer und Palästinenser und erobert Phönikien und Palästina.

1450 v. Chr.: Ein Vulkanausbruch auf der Mittelmeerinsel Santorin (Thera) verursacht eine verheerende Flutwelle.

1450 v. Chr.: Krieger aus Mykene vom griechischen Festland besetzen auf der Mittelmeerinsel Kreta die Hauptstadt Knossos.

1402 v. Chr.: Ägypten schließt Frieden mit dem Mitanni-Reich der Churriter (Hurriter).

1400 v. Chr.: Die Minoische Kultur auf Kreta geht unter. Der Palast von Knossos wird durch ein Erdbeben oder durch die Achaier vom griechischen Festland zerstört.

Ab 1400 v. Chr.: Nach einer kurzen Blüte der achaischen Burgen-Kultur auf dem griechischen Festland erfolgt ein „Rückfall in die Steinzeit". Die nomadischen Ackerbauern kommen mit der Ackerbauwirtschaft der eroberten Gebiete nicht zurecht.

1380 v. Chr.: König Suppiluliuma I. (Schuppililiuma) festigt die Herrschaft der Hethiter in Anatolien, führt Kriegszüge gegen die Churriter (Hurriter), bei denen er weit nach Nordmesopotamien und Nordsyrien vorstößt, und gründet so ein Großreich.

1364 v. Chr.: Der ägyptische Pharao Amenophis IV., der mit Nofretete verheiratet ist, erklärt die Sonnenscheibe (Aton) zum einzigen Gott. Als Prophet Atons nennt er sich Echnaton und verlegt seine Residenz nach Achet-Aton („Lichtberg des Aton" – Al Amarna). Als die gewaltsame Durchsetzung dieser Neuerungen scheitert, stürzt Ägypten außen- und innenpolitisch in eine schwere Krise. Nach dem Tod von Pharao Echnaton werden die alten Kulte wieder eingeführt.

Um 1362 v. Chr.: Assur-Ubalit I. von Assur erkämpft die Unabhängigkeit vom Mitanni-Reich der Churriter. Damit schafft er die Grundlagen für das assyrische Weltreich.

1355 v. Chr.: Kriegerische Einfälle der Hethiter und Assyrer besiegeln das Ende des Mitanni-Reiches der Churriter.

1306 v. Chr.: In Ägypten beginnt die Ramessiden-Zeit (19. bis 20. Dynastie), in der bis 1070 v. Chr. mehrere Pharaonen mit dem Namen Ramses regieren.

1300/1200 v. Chr.: Im südlichen Mitteleuropa beginnt die Spätbronzezeit (bis 800 v. Chr.).

1290 v. Chr.: Die Herrschaft des ägyptischen Pharaos Ramses II. beginnt. Er gründet im Osten des Nildeltas die neue Residenz Ramses-Stadt.

1285 v. Chr.: In der Schlacht von Kadesch am Fluß Orontes werden die Ägypter unter Führung von Pharao Ramses II. bei einem Vorstoß nach Syrien von den Hethitern zurückgeschlagen.

1270 v. Chr.: Der ägyptische Pharao Ramses II. und der Hethiterkönig Hattusil schließen einen Nichtangriffspakt und ein Bündnis. Syrien wird geteilt, der Fluß Orontes bildet die Grenze.

1250 v. Chr.: Die Israeliten ziehen unter der Führung von Moses aus Ägypten. Der Auszug wird als Exodus bezeichnet. Hierüber berichtet das 2. Buch Mose.

1240 v. Chr.: Die Mykener zerstören die von dem griechischen Dichter Homer genannte Stadt Troja (Ilion). Deren Ruinenhügel (Hisarlik) wurde durch Heinrich Schliemann aufgrund der Angaben Homers entdeckt und 1870 bis 1894 ausgegraben.

1230 v. Chr.: Barbaren aus dem Norden wandern nach Griechenland ein, zerstören die Festungen und Paläste und plündern die Kuppelgräber. Damit geht die Mykenische Kultur auf dem griechischen Festland unter.

1200 v. Chr.: In Norddeutschland und im südlichen Skandinavien beginnt die mittlere nordische Bronzezeit (bis 1100 v. Chr.).

1200 v. Chr.: Die Dorer, die sich um 2000 v. Chr. im nordgriechischen Bergland niedergelassen haben, rücken zur Peleponnes vor und setzen teilweise auf die Mittelmeerinseln Kreta und Rhodos über. Teile der mykenischen Griechen, die Achaier, wandern nach Lesbos und in die Aiolis. Die Ionier behalten Attika, Euböa und die Kykladen und besiedeln die Westküste Kleinasiens.

1200 v. Chr.: „Seevölker" unbekannter Herkunft vernichten das Hethiterreich.

1200 v. Chr.: Die Israeliten teilen das eroberte Ost- und Westjordanland unter ihre zwölf Stämme auf. Damit beginnt die „Zeit der Richter".

1200 v. Chr.: Die Philister gelangen mit der Wanderung der „Seevölker" an die Grenzen Ägyptens. Sie gründen an der Mittelmeerküste Palästinas den Fünfstädtebund Philistäa. Er umfaßte die Städte Gasa, Ashdod, Askalon, Ekron und Gath.

Etwa 1200–1100 v. Chr.: Die Italiker und Illyrer wandern in das Gebiet des heutigen Italien ein.

1184 v. Chr.: Der ägyptische Pharao Ramses III., der Begründer der 20. Dynastie, drängt die Lybier und die „Seevölker" an der ägyptischen Ostgrenze zurück, muß aber Palästina aufgeben.

1160 v. Chr.: Die Elamiter bereiten der Herrschaft der Kassiten in Babylon ein Ende.

1128 v. Chr.: Der babylonische König Nebukadnezar I. – in der Bibel Nabuchodonosor genannt – verjagt die Elamiter und sichert vorübergehend die Einheit des Babylonischen Reiches.

1192 v. Chr.: Unter König Tiglatpileser I. wird Assur erneut zur Weltmacht.

1100 v. Chr.: In Norddeutschland und im südlichen Skandinavien beginnt die jüngere nordische Bronzezeit (bis 800 v. Chr.).

Um 1100 v. Chr.: Phönizische Seefahrer und Kaufleute gründen an der spanischen Südküste die Kolonie Gadis (das heutige Cadiz).

1075 v. Chr.: Das Neue Reich in Ägypten geht zu Ende. Ägypten zerfällt in zwei Machtbereiche: denjenigen der Hohenpriester des Gottes Amun in Theben und den der Pharaonen in Tanis.

1054 v. Chr.: Die Aramäer fallen in Assur ein und führen dessen Niedergang herbei.

1050 v. Chr.: Der starke Druck der Philister und Ammoniter eint die zwölf Stämme von Israel, deren erster König Saul wird.

1004 v. Chr.: Israels König Saul stirbt im Kampf gegen die siegreichen Philister. Sein Nachfolger wird David, der die Philister bezwingt und die bisher unbezwingbare Stadtburg der Jebusiter namens Jebus einnimmt. Jebus wird in „Davids Stadt" (Jerusalem) umbenannt und Hauptstadt.

Um 1000 v. Chr.: In Nord-Guatemala (Péten), auf der Halbinsel Yucatan und in Honduras blüht die voreuropäische Kultur der Mayas.

1000 v. Chr.: Tyros übernimmt die Führung im Stadtstaatenbund Phönikien.

969 v. Chr.: Phönikien erlebt unter König Hiram von Tyros eine Blütezeit.

964 v. Chr.: Nach dem Tod Davids wird dessen Sohn Salomo neuer König der Israeliten. In seiner Regierungszeit reicht Israel – mit Ausnahme Philistäas – von der Küste des Mittelmeeres bis zum Euphrat und im Süden bis an die Grenzen Ägyptens.

Um 950 v. Chr.: Einwandernde Dorer gründen Sparta (Lakedaimon).

945 v. Chr.: Der lybische Söldnerführer Scheschonk I. begründet in Ägypten die 22. Dynastie. Die lybischen Dynastien behaupten sich bis 715 v. Chr. Nubier und Assyrer fallen in Ägypten ein.

932 v. Chr.: Unter König Assur-Dan II. und dessen Nachfolgern erlebt Assyrien einen neuen Aufstieg und eine neue Expansion.

926 v. Chr.: Nach dem Tod von König Salomo zerfällt das Reich aufgrund von Gegensätzen zwischen den Nord- und Südstämmen in das Nordreich Israel und das Südreich Juda. Hauptstadt Israels wird zunächst Sichem, später Penuel, Tirza und Samaria. Hauptstadt Judas war Jerusalem.

925 v. Chr.: Die Ägypter unter Pharao Scheschonk I. (in der Bibel Sisak genannt) plündern Jerusalem.

883 v. Chr.: Der assyrische König Assurnasipal II. kämpft erfolgreich gegen die Aramäer und bezwingt alle Völker bis zur phönikischen Küste. Kalach bei Ninive wird seine neue Residenz.

878 v. Chr.: König Omri baut Samaria zur Hauptstadt und zum religiösen Zentrum Israels aus.

871 v. Chr.: Die Könige Achab, der die phönikische Prinzessin Iesebel zur Frau nahm, und Joram führen in Israel phönikische Götter und den Baalskult ein. Baal hieß der semitische Wetter- und Himmelsgott. Der Prophet Elias aus dem Südreich Juda bekämpft die Dynastie Omri.

845 v. Chr.: Jehu beseitigt in einer Revolution die israelitischen Könige Joram und Iesebel aus der Dynastie Omri und wird zehnter König von Israel. Außerdem verbietet er den phönikischen Baalskult. Um sich vor den Staaten Juda und Tyros zu schützen, entrichtet Jehu Tribut an die Assyrer.

814 v. Chr.: Die phönikische Stadt Tyros gründet am Golf von Tunis in Nordafrika die Kolonie Karthago. Sie dient als Zwischenstation für die phönikische Handelsflotte auf dem Weg nach Südspanien.

800 v. Chr.: In weiten Teilen Mitteleuropas endet die Bronzezeit und beginnt die Vorrömische Eisenzeit – auch Hallstatt-Zeit genannt (bis 400 v. Chr.).

Der Autor

Ernst Probst, geboren am 20. Januar 1946 in Neunburg vorm Wald im bayerischen Regierungsbezirk Oberpfalz, ist Journalist und Buchautor. Er arbeitete von 1968 bis 1971 als Redakteur bei den „Nürnberger Nachrichten", von 1971 bis 1973 in der Zentralredaktion des „Ring Nordbayerischer Tageszeitungen" in Bayreuth und von 1973 bis 2001 bei der „Allgemeinen Zeitung", Mainz. Von 2001 bis 2006 war er zunächst als Buchverleger und später auch weltweit als Fossilien- und Antiquitätenhändler aktiv

In seiner Freizeit schrieb Ernst Probst vor allem populärwissenschaftliche Artikel für die „Frankfurter Allgemeine Zeitung", „Süddeutsche Zeitung", „Die Welt", „Frankfurter Rundschau", „Neue Zürcher Zeitung", „Tages-Anzeiger", Zürich, „Salzburger Nachrichten", „Oberösterreichische Nachrichten", Linz, „Die Zeit", „Rheinischer Merkur", „Deutsches Allgemeines Sonntagsblatt", „bild der wissenschaft", „kosmos", „Deutsche Presse-Agentur" (dpa), „Associated Press" (AP) und den „Deutschen Forschungsdienst" (df).

Aus der Feder von Ernst Probst stammen zahlreiche Beiträge der Buchreihe „Geschichten, die die Forschung schreibt" sowie die Bücher „Deutschland in der Urzeit" (1986), „Deutschland in der Steinzeit" (1991), „Rekorde der Urzeit" (1992), „Dinosaurier in Deutschland" (1993 zusammen mit Raymund Windolf) und „Deutschland in der Bronzezeit" (1996). 2001 veröffentlichte Ernst Probst eine 14-bändige Taschenbuchreihe über berühmte Frauen („Superfrauen"). Insgesamt publizierte er mehr als 25 Bücher, darunter „Königinnen der Lüfte", „Königinnen des Tanzes", „Der Schwar-

ze Peter. Ein Räuber im Hunsrück und Odenwald", „Monstern auf der Spur. Wie die Sagen über Drachen, Riesen und Einhörner entstanden" und „Nessie. Das Monsterbuch".
Zusammen mit seiner Ehefrau Doris gab Ernst Probst die Titel „Der Ball ist ein Sauhund. Weisheiten und Torheiten über Fußball" und „Worte sind wie Waffen. Weisheiten und Torheiten über die Medien" heraus. Zusammen mit seiner Tochter Sonja war er Herausgeber des Titels „Meine Worte sind wie die Sterne. Die Rede des Häuptlings Seattle und andere indianische Weisheiten".

Literatur über die Stader Gruppe
in der älteren Bronzezeit

AUST, Hans: Die Steinkiste von Flögeln. Die Kunde, N. F., Band 9, S. 142–145, Hannover 1958.

CASSAU, Adolf: Ein Steinkammergrab in Hagenah (Kreis Stade). Stader Archiv, N. F., Band 22, S. 52–63, Stade 1932.

CASSAU, Adolf: Drei bronzezeitliche Grabfunde in den Kreisen Stade und Bremervörde. Nachrichten aus Niedersachsens Urgeschichte, Band 7, S. 39–58, Hildesheim 1933.

CASSAU, Adolf: Ein frühbronzezeitlicher und endsteinzeitlicher Wagenradfund in Beckdorf, Kreis Stade. Nachrichten aus Niedersachsens Urgeschichte, Nr. 12, S. 63–71, Hildesheim 1938.

DEICHMÜLLER, Jürgen: Die Steinkiste von Hagenah. Stader Jahrbuch, S. 41–44, Stade 1965.

FISCHER, Ulrich: Zu der bronzezeitlichen Holzschale von Heerstedt im Kreis Wesermünde. Jahrbuch des Römisch-Germanischen Zentralmuseums Mainz 1954, Band 1, S. 15–27, Mainz 1954.

HAHNE, Hans: Bericht über die Ausgrabung eines Hügels bei Anderlingen, Kreis Bremervörde. Jahrbuch des Provinzial-Museums zu Hannover, S. 13–23, Hannover 1908.

JACOB-FRIESEN, Gernot: Die kulturelle und zeitliche Einordnung der Funde von Westersode. Die Kunde, N. F., Band 7, Seite 12–15, Hannover 1956.

KERSTEN, Karl: Über Steinkisten und Baumsarggräber. Offa, Band 6/7, S. 80–83, Neumünster 1944.

KLENCK, Wilhelm: Brand- und Körperbestattungen in einem bronzezeitlichen Hügelgrab bei Westersode, Kreis Land

Hadeln. Die Kunde, N. F., Band 7, Heft 1–2, S. 5–12, Hannover 1956.

LAUX, Friedrich: Bronzezeitliche Männergräber aus Niedersachsen. Inventaria Archaeologica, Deutschland, Heft 17, Bonn 1973.

LAUX, Friedrich: Zur älteren und mittleren Bronzezeit in Niedersachsen. Aus: Beiträge zur mitteleuropäischen Bronzezeit, Teil II, S. 280, Berlin/Nitra 1990.

LAUX, Friedrich: Unbekannte und wenig beachtete Steinkisten aus dem Bereich der bronzezeitlichen Stader Gruppe. Die Kunde, Festschrift zum 65. Geburtstag von Gernot Jacob-Friesen, N. F., Band 41/42, S. 193–210, Hannover 1990/91.

LUCKE, Arne Benno: Die Besiedlung des südlichen Niederelbegebietes in der jüngeren Bronzezeit. Zur inneren Gliederung und Gruppenabgrenzung, Dissertation, Hamburg 1981.

MÖTEFINDT, Hugo: Der Dolmen von Lange, Kr. Lehe. Jahrbuch der Männer vom Morgenstern, Band 16, S. 133–141, Bremerhaven 1914.

MÜLLER-BRAUEL, Hans: Ein bronzezeitlicher Hügel mit sächsischer Nachbestattung bei Anderlingen. Prähistorische Zeitschrift, Jahrgang 5, 1./2. Heft, S. 222–227, Berlin 1913.

MÜLLER-BRAUEL, Hans: Die vorgeschichtlichen Denkmäler des Kreises Lehe. Jahrbuch der Männer vom Morgenstern, Jahrgang 16, S. 28–132, Bremerhaven 1914.

REDLICH, Clara: Der „Dreigötterstein" von Anderlingen, Kreis Bremervörde. Nachrichten aus Niedersachsens Urgeschichte, Band 32, S. 34–40, Hildesheim 1963.

SCHÜNEMANN, Detlef: Ein älterbronzezeitlicher Tonlöffel aus einem Hügelgrab bei Holtum-Geest, Kreis Verden. Nachrichten aus Niedersachsens Urgeschichte, Band 38, S. 131–132, Hildesheim 1969.

50

SCHÜNEMANN, Detlef: Die ältere und mittlere Bronzezeit im Kreis Verden. Urgeschichte des Kreises Verden. Teil V. Nachrichten aus Niedersachsens Urgeschichte, Band 44, S. 35–85, Hildesheim 1971.

SCHÜNEMANN, Detlef / PÖHL, Jörg / SCHUMANN, Joachim / FREESE, Heinz Dieter: Ein älterbronzezeitliches Totenhaus bei Baden, Stadt Achim, Kreis Verden. Nachrichten aus Niedersachsens Urgeschichte, Band 44, S. 341–344, Hildesheim 1975.

SPROCKHOFF, Ernst: Palaeogentilismus Bremensis von Martin Mushard, Pastor zu Geestendorf. Jahrbuch des Provinzialmuseums Hannover 1927, N. F., Band 3, S. 41–172, Hannover 1928.

TROMNAU, Gernot: Ein bronzezeitlicher Langhügel in der Fischbeker Heide bei Hamburg. Archäologisches Korrespondenzblatt, Jahrgang 7, S. 101–105, Mainz 1977.

WEGEWITZ, Willi: Ein Klappstuhl aus der älteren Bronzezeit aus Daensen, Kreis Harburg. Urgeschichtsstudien beiderseits der Niederelbe, S. 80–99, Hildesheim 1939.

WEGEWITZ, Willi: Die Gräber der Stein- und Bronzezeit im Gebiet der Niederelbe (Die Kreise Stade und Harburg). Veröffentlichungen der urgeschichtlichen Sammlungen des Landesmuseums zu Hannover, Band 11, Hildesheim 1949.

WEGEWITZ, Willi: Der Rillenstein vom Forsthaus Hollenbeck, Kreis Stade. Stader Jahrbuch, S. 7–23, Stade 1982.

WEGEWITZ, Willi: Der Klappstuhl von Daensen. Aus: Rund um den Kiekeberg. Vorgeschichte einer Landschaft an der Niederelbe, Hammaburg, Band 8, S. 36–37, Neumünster 1988.

Literatur über die Stader Gruppe
in der mittleren Bronzezeit

BOHLS, Jan: Der Debstedter Galgenberg. Jahresbericht der Männer vom Morgenstern, Band 14/15, 1911/13, S. 234–242, Bremerhaven 1913.

DEICHMÜLLER, Jürgen: Ein Palisadenhügel mit Baumsargbestattung im Totenhaus bei Tarmstedt, Kreis Bremervörde. Neue Ausgrabungen und Forschungen in Niedersachsen, Band 38, S. 48–57, Hildesheim 1969.

LAUX, Friedrich: Die Nadeln in Niedersachsen. Prähistorische Bronzefunde XIII, Band 4, S. 12, München 1976.

LAUX, Friedrich: Ein Frauengrab aus Lüllau, Gem. Jesteburg, Kr. Harburg. Bemerkungen zur Differenzierung bronzezeitlicher Brandbestattungen in der Lüneburger Heide. Hammaburg, Neue Folge, Band 3/4, S. 44, Hamburg 1976/77.

LAUX, Friedrich: Zur älteren und mittleren Bronzezeit in Niedersachsen. Aus: Beiträge zur mitteleuropäischen Bronzezeit, Teil II, S. 275, Berlin/Nitra 1990.

SCHINKEL, Martin: Grabungsresultate bei der Durchforschung des Spanger Berges (Ritzebüttel). Jahrbuch der Männer vom Morgenstern, Band 13, 1910/11, S. 182–191, Bremerhaven 1912.

WENDOWSKI-SCHÜNEMANN, Andreas: Die Funde aus dem bronzezeitlichen Grabhügel „Spanger Berg" in Holte-Spangen, Stadt Cuxhaven. Jahrbuch der Männer vom Morgenstern, Band 70, S. 9–18, Bremerhaven 1991.

Literatur über die Stader Gruppe
in der jüngeren Bronzezeit

AUST, Hans: Grab- und Siedlungsfunde der jüngeren Bronze- und frühen Eisenzeit aus Meckelstedt. Jahrbuch der Männer vom Morgenstern, Band 45, S. 335–364, Bremerhaven 1964.

BRANDT, Karl Heinz: Jüngere Bronzezeit – 1100 bis 700 v. Chr. Aus: Focke-Museum Bremen. Vor- und Frühgeschichte des Bremer Raumes im Gang durch die Schausammlung, S. 24–28, Bremen 1982.

CLAUS, Martin: Die Lappenschalen der jüngeren Bronzezeit in Niedersachsen. Nachrichten aus Niedersachsens Urgeschichte, Band 21, S. 3–54, Hildesheim 1952.

DEHNKE, Rudolf: Eine spätbronzezeitliche Kultanlage mit Feuerstellen in Bötersen, Kr. Rotenburg (Wümme). Nachrichten aus Niedersachsens Urgeschichte, Band 36, S. 116–120, Hildesheim 1967.

DEICHMÜLLER, Jürgen: Eine jungbronzezeitliche „Lanzette" von Barchel, Kr. Bremervörde. Nachrichten aus Niedersachsens Urgeschichte, Band 38, S. 119–122, Hildesheim 1969.

DEICHMÜLLER, Jürgen: Ein Radiokarbon-Datum für die Bronzeräder von Stade. Archäologisches Korrespondenzblatt, Jahrgang 4, S. 223–224, Mainz 1974.

DIECK, Alfred: Tatauierung in vor- und frühgeschichtlicher Zeit. Archäologisches Korrespondenzblatt, Jahrgang 6, S. 169–173, Mainz 1976.

FÖRST, Elke: Die spätbronzezeitliche Siedlung Rodenkirchen-Hahnenknooper Mühle, Gemeinde Stadland, Ldkr. Wesermarsch – ein Vorbericht. Oldenburger Jahrbuch 1985,S. 227–240, Oldenburg 1985.

GRENZ, Rudolf: Die Bestattungssitten auf dem jungbronze-zeitlichen Urnenfriedhof von Unterstedt, Kr. Rotenburg/Hann. Rotenburger Schriften, Sonderheft 6, Rotenburg 1965.

GRENZ, Rudolf: Die Grabungsbefunde auf dem jungbronze-zeitlichen Urnenfriedhof von Unterstedt, Kr. Rotenburg (Wümme). Rotenburger Schriften, Sonderheft 14, Rotenburg 1970.

JACOB-FRIESEN, Gernot: Eine reiche Bestattung der jüngeren Bronzezeit aus Alfstedt, Kreis Bremervörde. Nachrichten aus Niedersachsens Urgeschichte, Band 27, S. 48–71, Hildesheim 1958.

JACOB-FRIESEN, Karl Hermann: Die Bronzeräder von Stade. Prähistorische Zeitschrift, Band 18, 3./4. Heft, S. 154–186, Berlin 1927.

LUCKE, Arne Benno: Die Besiedlung des südlichen Niederelbegebietes in der jüngeren Bronzezeit. Zur inneren Gliederung und Gruppenabgrenzung. Dissertationsdruck, Hamburg 1981.

SCHÜNEMANN, Detlef: Ein spätbronzezeitlicher Bildstein in Gerkenhof, Gem. Schafwinkel. Kr. Verden. Nachrichten aus Niedersachsens Urgeschichte, Band 35, S. 81–84, Hildesheim 1966.

SCHÜNEMANN, Detlef: Ein Urnenfriedhof der jüngeren Bronzezeit bei Daverden, Kr. Verden (II. Teil). Nachrichten aus Niedersachsens Urgeschichte, Band 36, S. 136–144, Hildesheim 1968.

SCHÜNEMANN, Detlef: Zum spätbronzezeitlichen Bildstein von Gerkenhof, Kr. Verden – neue Hinweise für seine Echtheit. Nachrichten aus Niedersachsens Urgeschichte, Band 41, S. 201–202, Hildesheim 1972.

SCHÜNEMANN, Detlef / HASSELHOF, Dieter: Der Giersberg bei Armsen, Gemeinde Kirchlinteln im Landkreis Verden – eine „sakrale Stätte" der jüngeren Bronzezeit. Die Kunde, N. F., Band 38, S. 101–128, Hannover 1987.

TACKENBERG, Kurt: Die zweihenkeligen Terrinen der jüngeren Bronze- und älteren Eisenzeit im Gebiet zwischen Ems- und Elbemündung. Aus: SCHWANTES, Gustav (Herausgeber): Urgeschichtsstudien beiderseits der Niederelbe. Festschrift für Karl Hermann Jacob-Friesen. Darstellungen aus Niedersachsens Urgeschichte, Band 4, S. 153–187, Hildesheim 1939.

TACKENBERG, Kurt: Die jüngere Bronzezeit in Niedersachsen, Teil 1: Die Bronzen. Veröffentlichungen der urgeschichtlichen Sammlungen des Landesmuseums zu Hannover, Band 19, Hildesheim 1971.

TACKENBERG, Kurt: Ein Ledermesser von Beckdorf, Kreis Stade. Archäologisches Korrespondenzblatt, Jahrgang 5, S. 195–196, Mainz 1975.

TEMPEL, Wolf-Dieter: Jüngere Bronzezeit und frühe Eisenzeit. Aus: Führer zu archäologischen Denkmälern in Deutschland, Band 4. Landkreis Rotenburg (Wümme), S. 81–103, Mainz 1984.

ZIMMERMANN, W. Haio: Ein Hortfund mit goldblechbelegter Plattenfibel und Goldarmreif vom Eekhöltjen bei Flögeln (Niedersachsen). Germania, Jahrgang 54, 1. Halbband, S. 1–16, Frankfurt/Main 1976.

ZIMMERMANN, W. Haio: Haus, Hof und Siedlungsstruktur auf der Geest vom Neolithikum bis in das Mittelalter. Aus: DANNENBERG, Hans-Eckhard / SCHULZE, Heinz-Joachim: Geschichte des Landes zwischen Elbe und Weser, Band 1, Vor- und Frühgeschichte, Stade, Schriftenreihe des Landschaftsverbandes der ehemaligen Herzogtümer Bremen und Verden, Band 7, S. 251–288, Stade 1995.

Friederike Hilscher-Ehlert, Bad Königswinter (Reproduktion aus PROBST, Ernst: Deutschland in der Bronzezeit, München 1996), S. 8
Reproduktionen aus PROBST, Ernst: Deutschland in der Bronzezeit, München 1996: S. 6, 10, 18, 22, 28, 32, 34

Bücher von Ernst Probst

Superfrauen 1 – Geschichte
Superfrauen 2 – Religion
Superfrauen 3 – Politik
Superfrauen 4 – Wirtschaft und Verkehr
Superfrauen 5 – Wissenschaft
Superfrauen 6 – Medizin
Superfrauen 7 – Film und Theater
Superfrauen 8 – Literatur
Superfrauen 9 – Malerei und Fotografie
Superfrauen 10 – Musik und Tanz
Superfrauen 11 – Feminismus und Familie
Superfrauen 12 – Sport
Superfrauen 13 – Mode und Kosmetik
Superfrauen 14 – Medien und Astrologie

*

Königinnen der Lüfte
Biografien berühmter Fliegerinnen

Königinnen des Tanzes
Biografien berühmter Tänzerinnen

Superfrauen
aus dem Wilden Westen

Der Schwarze Peter
Ein Räuber im Hunsrück und Odenwald

Monstern auf der Spur
Wie die Sagen über Drachen,
Riesen und Einhörner entstanden

Rekorde der Urzeit
Landschaften, Pflanzen und Tiere

Meine Worte sind wie die Sterne
Die Rede des Häuptlings Seattle
und andere indianische Weisheiten
(zusammen mit Sonja Probst)

Bücher von Doris Probst

Weisheiten und Torheiten
über das Alter

Weisheiten und Torheiten
über die Arbeit

Weisheiten und Torheiten
über die Ehe

Weisheiten und Torheiten
über Frauen

Weisheiten und Torheiten
über Kinder

Weisheiten und Torheiten
über die Liebe

Weisheiten und Torheiten
über Männer

Weisheiten und Torheiten
über Mütter

Der Ball ist ein Sauhund
Weisheiten und Torheiten
über Fußball
(zusammen mit Ernst Probst)

Worte sind wie Waffen
Weisheiten und Torheiten
über die Medien
(zusammen mit Ernst Probst)

*

Bestellungen bei http://www.libri.de